# redde rationem

## orationes

Dr. A. G. de Man  Dr. G. J. M. J. te Riele

# pars I

tabulas pinxit J. Sanders

Ernst Klett Stuttgart

1. Auflage  1 7 6 5 4 3 | 1986 85 84 83 82

Alle Drucke dieser Auflage können im Unterricht nebeneinander benutzt werden. Die letzte Zahl bezeichnet das Jahr dieses Druckes.
© MCMLXXI Wolters-Noordhoff. Groningen. ISBN 90 01 571921
Die Rechte für den deutschsprachigen Raum liegen bei Ernst Klett, Stuttgart. Nach dem Urheberrechtsgesetz vom 9. Sep. 1965 i. d. F. vom 10. Nov. 1972 ist die Vervielfältigung oder Übertragung urheberrechtlich geschützter Werke, also auch der Texte, Illustrationen und Graphiken dieses Buches, nicht gestattet. Dieses Verbot erstreckt sich auch auf die Vervielfältigung für Zwecke der Unterrichtsgestaltung – mit Ausnahme der in-den §§ 53, 54 URG ausdrücklich genannten Sonderfälle –, wenn nicht die Einwilligung des Verlages vorher eingeholt wurde. Im Einzelfall muß über die Zahlung einer Gebühr für die Nutzung fremden geistigen Eigentums entschieden werden. Als Vervielfältigung gelten alle Verfahren einschließlich der Fotokopie, der Übertragung auf Matrizen, der Speicherung auf Bändern, Platten, Transparenten oder anderen Medien.
Druck: Druckhaus Vogel KG, Leinfelden-Echterdingen
ISBN 3-12-608410-9

# præfatio

COLLEGIS SALVTEM

annis XV post editionem primam librorum qui ACCIPE VT REDDAS erant inscripti, haec nova vel potius renovata series vulgatur, cui nomen REDDE RATIONEM inditum. quae, tamquam proles, indolem „parentis" ostendit eademque tamen proprio ingenio tantum a serie priore distat, ut titulo novo digna sit.

multi enim collegae, qui libris ACCIPIENDA & REDDENDA utebantur, observationes monitionesque nobiscum communicaverunt, atque facile nobis ab illis, qui pio essent studio adducti, persuaderi passi sumus, ut novam dispositionem totius operis susceperimus, praesertim cum disciplinae interea tantum mutatae sint, ut iam hac ipsa de causa libri nostri temporibus praesentibus aptandi essent.

itaque postquam collegae nonnulli novam seriem per tres annos experti sunt, quibus pro auxilio hic libenter gratias agimus – longum est omnes enumerare, sed diligentiam viri docti A.N. VAN OMME tacere non potuimus – , vobis nunc hoc opus offerimus, orantes ut faventes nostris fruamini conatibus.

A.G. DE MAN<br>
G.J.M.J. TE RIELE

*lectio prima*

# serpens in horto!

Marcus et Cornelia in horto ambŭlant.
Cornelia subĭto serpentem vĭdĕt et clamăt: ,,Marcĕ! Marcĕ!''
Marcus rŏgat: ,,quid est, Cornelia? cur clamās?''
5 puella clamat: ,,serpentem vidĕo!''
Marcus rogat: ,,ubi serpentem vidēs?''
Cornelia serpentem indĭcat.

*Marcus et Cornelia in horto ambulant*

tum puer et puella clamant: „pater! pater! serpentem in horto vidēmus!"
pater Marcum et Corneliam audit et cito in hortum vĕnit.
rogat: „ubi serpentem vidētis, Marcĕ et Cornelia?"
sed puer et puella serpentem non iam vident; serpens iam procul est.

*pater in hortum venit*

*lectio secunda*

# avus venit

păter cum mātrĕ in villā est. subito avus villam intrat.
„salvē, avĕ, salvē!" pater materque exclamant; „ut valēs?"
„ego bĕnĕ valĕo" avus respondet; „ut vos valētis?"
5 „nos quŏque valēmus" pater materque respondent.
tum avus rogat: „ubi Marcus est? ubi Corneliă?"
pater respondet: „fortasse ambo in horto sunt; nam ubi Marcus est, ibi ĕt Corneliă esse solet."
deinde mater clamat: „Marcĕ! Corneliă! ubi estis?"
10 Marcus, qui cum Corneliā in horto est, matrem audit et clamat: „sumus in horto, mater; sed ubi tu es?"
mater respondet: „ego cum patrĕ in villā sum; et avus quoque in villā est!"
tum cito puer et puellă ex horto in villam veniunt et avum in villā
15 salūtant.

*lectio tertia*

# de fratre Aulo

Marcus et Cornelia frātrem hăbent, qui in Vrbĕ hăbĭtat. Vrbs procul nōn est, et saepĕ Aulus frater ex Vrbe in villam venit et aliquamdiu apud patrem matremque manēre solet. Marcus et Cornelia Aulum
5 valdē ămant, nec mĭnus Aulus fratrem et sorōrem amat.

dum pater materque cum avō in villā sedent, subito clamorem ex hortō audiunt. ,,quis clamat?" avus rogat. ,,Marcus et Cornelia clamant" mater respondet. ĭtĕrum clamor est: ,,Aulum, Aulum videmus!". stătim mater e villā in hortum venit et rogat: ,,ubi Aulum
10 videtis, Marce et Cornelia?". Marcus respondet: ,,non procul est; iam hortum intrat".

tum mater quoque Aulum videt et ,,salvē, Aulĕ!" exclamat. Aulus matrem, sororem fratremque salutat, et cum matrĕ, puerō puellāque domum intrat, ubi pater avusque eum salūtant.
15 omnēs deinde ad noctem in villā sĕdent, ubi Aulus dē Caesarĕ et Pompeiō narrat.

iam nox est. avus, pater, mater, Aulus, Marcus, Cornelia, omnes dormiunt. Marcus dē Caesarĕ, Cornelia dē serpentĕ somniat.

*lectio quarta*

## de serpente avus audit

        *(avus, Marcus, Cornelia in horto sunt.)*
AVVS:   bene dormivistis, Marce et Cornelia?
CORN.: non bene dormivi, nam de serpente somniavi.
5 AVVS:   de serpente somniavisti??
MARC.: heri in horto eramus et ibi Cornelia serpentem vīdit, quae eam terruit.
CORN.: ambo in horto ambulābāmus; subito serpentem vīdi. clamavi: „Marce, Marce! serpens in herba mē terret."
10 MARC.: ego serpentem non vĭdēbam, sed Cornelia bestiam indicavit.
CORN.: tunc èt Marcus serpentem vīdit, atque statim patrem in hortum vocavimus, nam bestia nos valdē terrēbat.
        *(dum Marcus et Cornelia narrant, pater in hortum vĕnit.)*
15 PATER: quid narrātis, Marce et Cornelia?
CORN.: de serpente narrāmus, pater.
PATER: de serpente quam videbātis, cum heri in horto eratis?
CORN.: ita est.
AVVS:   *(ad patrem)* ubi tu tunc eras, cum Marcus et Cornelia in
20         horto erant et serpentem videbant?
PATER: ego in villa eram. subito clamorem ex horto audivi: „pater! pater!" Marcus et Cornelia clamavērunt. ităque cito in hortum vēni, sed serpentem non iam vīdĭmus.
AVVS:   ubi tunc bestia erat?
25 PATER: fortasse non iam in horto erat.
AVVS:   et postea bestiam non iam vīdistis?
MARC.: non iam vīdimus.

*lectio quinta*

# vir in horto

mater cum Marco in villa est. subito mater in horto virum videt et puerum rogat: „Marce, quis est homo iste, quem in horto video?"

Marcus, qui hominem non statim videt, rogat: „ubi virum vides, mater?"

mater virum indicat.

tum Marcus: „heri quoque aliquis in horto erat. ambulabam in horto atque ibi aliquem vidi. hominem salutavi et rogavi: ‚quis tu? cur es in horto?'. sed vir nihil respondit et cito ex horto evolavit. fortasse nunc idem est."

dum Marcus narrat, pater intrat et rogat: „quid narras, Marce?". puer respondet: „narro de viro quem heri in horto vidi. et nunc rursus idem in horto est. fortasse fur est."

statim pater canem vocat. canis adcurrit; pater cum cane e villa in hortum evŏlat, sed furem non iam videt; iam procul est.

*canis accurrit*

*lectio sexta*

# fabula puerilis

videtis hīc homunculum
qui verrit suum stabulum.
quid ibi homo invenit?
5 pulchrum nummum aureum!

quid homo nummo nunc emit?
pinguem emit porculum.
sed . . . porculus ire nolebat,
nisi homo eum portabat.

10  ad canem homo currit,
    et: ,,canis, visne" inquit
    ,,porculum mordēre?
    porculus ire recūsat."
        sed ... canis mordere nolebat.


15  ad baculum homo currit,
    et: ,,baculum, visne" inquit
    ,,canem castigare?
    canis porculum non mordet,
    ire porculus recusat."
20      sed ... baculum nolebat.


    ad ignem homo currit,
    et: ,,ignis, visne" inquit
    ,,baculum inflammare?
    baculum canem non castīgat,
25  canis porculum non mordet,
    ire porculus recusat."
        sed ... ignis inflammare nolebat.


    ad aquam homo currit,
    et: ,,aqua, visne" inquit
30  ,,statim restinguĕre ignem?
    ignis baculum non inflammat,
    baculum canem non castigat,
    canis porculum non mordet,
    ire porculus recusat."
35      sed ... aqua quoque nolebat.

      ad bovem homo currit,
et: ,,bos, visne" inquit
,,statim potare aquam?
aqua ignem non restinguit,
40  ignis baculum non inflammat,
baculum canem non castigat,
canis porculum non mordet,
ire porculus recusat."
      sed ... bos potare nolebat.

45     ad lanionem homo currit,
et: ,,lanio, visne" inquit
,,statim caedĕrė bovem?
bos non vult potare aquam,
aqua ignem non restinguit,
50  ignis baculum non inflammat,
baculum canem non castigat,
canis porculum non mordet,
ire porculus recusat."
      sed ... lanio nolebat.

55     ad patibulum homo currit,
et: ,,patibulum, visne" inquit
,,suspendĕre lanionem?
lanio non caedit bovem,
bos non vult potare aquam,
60  aqua ignem non restinguit,
ignis baculum non inflammat,
baculum canem non castigat,

canis porculum non mordet,
ire porculus recusat."
65  et ... patibulum volebat!

   tunc .... patibulum
suspendit lanionem,
et bovem caedit lanio,
et aquam potat bos;
70 restinguit ignem aqua,
inflammat baculum ignis,
castigat canem baculum,
mordetque canis porculum,
qui currit tunc in stabulum.

*lectio septima*

# de lanione et porculo

Aulus narrat:
„heri cum cane in horto eram, cum subito porculus in hortum irruit. canis ad porculum cucurrit atque eum mordere volebat, sed ego statim post canem cucurri et eum revocavi. tum mater clamavit: ‚quid est, Aule? cur adeo curris?'. respondi: ‚canis in horto porculum vidit, mater, quem mordere voluit'. deinde hortum intravit lanio, portans baculum magnum. lanio porculum baculo castigare volebat, sed porculus cito evolavit; nec minus cito lanio ex horto excurrit. postea cum matre in via ambulabam, cum lanionem vidimus, porculum portantem. lanio: ‚pinguem' inquit ‚habeo porculum; visne ēmĕre?'. tum mater porculum uno nummo aureo ēmit."

*lectio octava*

# Marcus Corneliam quaerit

Marcus cum Cornelia ludĕre vult. clamat: ,,Cornelia, visne ludĕre mēcum?". sed Cornelia non respondet. iterum puer clamat: ,,Cornelia, ubi es?". at nullum responsum audit. deinde puer in hortum currĭt,
5 nec ibi sororem invenire potest.

mater, quae Marcum quaerentem videt, rogat: ,,quid quaerĭs, Marce?". puer respondet: ,,Corneliam invenire non possum". mater dicit: ,,fortasse eam invenire possumus, si quaerĭmus ambo, ego et tu". puer respondet: ,,bene dicĭs, mater; tu quaerĕre potes in villa,
10 dum ego in horto quaero".

deinde et mater et Marcus aliquamdiu quaerunt, nec usquam puellam invenire possunt, neque in villa, neque in horto, neque in stabulo.

subito pater advenit; qui matrem Marcumque videns rogat: ,,quid quaerĭtis". ,,Corneliam quaerĭmus" mater respondet, ,,sed nondum
15 invēnimus puellam". at pater: ,,non mirum est" inquit, ,,nam eam hīc invenire nunc non potestis. in via cum avo ambulantem eam vīdi".

PROVERBIVM
saepe volumus plus posse quam possumus.

17

*lectio nona*

# de toga

homo, quem hīc in tabula videtis, togam gerit. itaque homo iste vir romanus est, nam toga romanum erat vestimentum, et gens romana erat „gens togāta", ut ait Vergilius, poēta romanus.
5 ut in tabula videtis, sinistrum bracchium toga tegit, sed dextrum bracchium intectum est. sub togā tunica est; toga et tunica totum corpus tegunt, sed caput intectum est.

in publico vir romanus togam gerĕre solēbat. sed femina romana non togam, sed stolam habēbat, quae bracchia non tegēbat. sub stolā
10 femina quoque tunicam habēbat, atque in publico super stolam nonnunquam pallam gerēbat. palla saepe ĕt caput tegēbat.

PROVERBIVM
ubi bene, ibi patria.

*lectio decima*

# de milite romano

miles romanus, quem hic videmus, non togam habet, sed loricam.
sub lorica miles quoque tunicam gerit.
galea caput tegit.
5 bracchio sinistro miles scutum gerit. dum pugnat, scuto corpus tegit.
dextra manu miles pilum tenet. pilum longum est; saepe miles duo pila habet.
praeterea miles gladium habet. gladius nunc in vagina est, sed cum pugnat, miles gladium e vagina edūcit et hostem gladio necare temptat.
10 galea et lorica et scutum sunt arma; gladius et pilum sunt tela.
vincĕre militem romanum res difficilis erat, nam semper fortis erat nec unquam eum hostis terrebat.

PROVERBIA
veni, vidi, vici. *(Caesar)*
15 aut nunc, aut nunquam.

*lectio undecima*

# de triumpho

consul romanus, qui insigni sua virtute hostem vicit, cum exercitu suo per portam triumphalem, quae apud Campum Martium est, Vrbem intrat. populus romanus, qui consulem fortem cum exercitu forti
5 salutat, clamat: „io triumphe! io triumphe!"
stat triumphator, vestimento triumphali insignis, in curru aureo, quem quattuor equi trahunt; super capite eius aurea corona est, quam servus publicus tenet qui post consulem in curru stat. ante currum senatus, post currum exercitus incedit.
10 vestimentum triumphale, quod consul gerit, corona triumphalis, quā caput eius ornatum est, currus triumphalis, in quo stat, insigne spectaculum praebent.
dum totā urbe populus festum agit, triumphator templum magnificum intrat quod in Capitolio est; ibi in aedificio sacro, in quo iam
15 omnis senatus adest, coronam depōnit, et taurum immolat.

*lectio duodecima*

# Quintus narrat

heri pater ex senatu in villam rediit. iuxta domum vidit militem romanum, qui eum salutavit et dixit: „miles romanus sum de exercitu qui ante urbem est. valde defessus sum et aquam bibĕre cupio". tunc pater
5 cum milite in villam vēnit.

Æmiliam, sororem meam, quae est adhuc admŏdum parva, terrebat miles: puella post matrem se occultavit; sed ego statim ad eum adii, et tela armaque spectavi: galeam gravem, quae caput eius tegebat, loricam, quam super tunicam habebat, scutum grave, quod bracchio
10 sinistro tenebat, pilum longum, quod manu dextra gerebat, gladium acutum, qui in vagina erat.

tum ego: „gladium" dixi „manu tenere volo". miles deinde gladium eduxit e vagina quae eum tegebat, et „en!" inquit „habes gladium; sed cavē, puer, nam gravis et acutus est".
15 subito Æmilia clamavit: „mater! mater! Quintus gladio me terret!", et cito sub mensam fūgit puella.

interea miles aquam bibebat, et narrabat de pugna. „hostis" inquit „fortis erat, et pugna erat periculosa terribilisque; sed victoriam magnificam reportavimus".
20 ut miles abiit ad exercitum, omnes clamavimus: „vale, miles, vale!". Æmilia autem sub mensa iam dormiebat; fortasse de milite somniabat.

PROVERBIA

non omnia possumus omnes.
sunt pueri pueri, pueri puerilia tractant.

*lectio tertia decima*

# ænigma

quodam diē Quintus cum matre domi sedebat; Æmilia autem parvula in horto ludebat.

subito mater Æmiliam clamantem audivit et filium rogavit: ,,quid
5 Æmilia clamat?"

,,nescio" Quintus respondit, et statim cum matre in hortum cucurrit.

mox ibi Æmiliam invenērunt, valde lacrimantem. ,,quid est, filia mea?" mater rogavit.

,,heu! terribilis serpens me terruit" horrens dixit puella.

10 ,,ubi bestiam istam horribilem vidisti?" Quintus rogavit. Æmilia parvam bestiam manu indicavit; at mater ridens: ,,non serpens" inquit ,,sed vermiculus est".

. . . . . . . . . . . . . . . . . . . . . . . . . . . .

*quid est vermiculus?*

PROVERBIA

15 manus manum lavat.
dies diem docet.

*lectio quarta decima*

# duo milites sermonem habent

- ubi Sextus, amicus tuus?
- Sextus mortuus est.
- hinc illae lacrimae!
5 - ita. revera magnum dolorem fero, quia, ut bene scis, valde illum amabam. semper in pugna Sextus me iuvabat, nec minus ego, cum in mea potestate erat, amicum meum iuvabam. hodie e pugna terribili non rediit.
- triste est sine amico vitam ferre. at non tu solus morte eius in dolore
10 es; nos omnes Sextum amabamus. qualis miles erat ille! nulla unquam pericula timebat, omnia audebat, saepe hostem aut fugabat aut ad deditionem cogebat. sed quomodo vitam finivit?
- heri manipulus noster Rhenum transiit. primo nullum Germanum videbamus et omnia tuta erant, ut putabamus. postero die autem
15 Germani in nos irruunt et nos ad flumen redire cogunt. Sextus insigni virtute pugnabat; subito autem magno in periculo erat: non solum ante eum, sed etiam post eum Germani multi erant, qui ad eum accurrebant. horrens amicum video periculo circumdatum; eum iuvare cupio, sed ad eum adire difficile erat. tamen tempto;
20 iam non procul eram, cum gladium hostilem super caput eius video. magna voce clamo: „cave, Sexte! cave!". dum clamo, Germanus eum necavit.
- itaque non semper verum est quod proverbium dicit: audentem fortuna iuvat.

25 PROVERBIA

fortem fortuna adiuvat.
ducunt volentem fata, nolentem trahunt.

25

*lectio quinta decima*

# Germanicus triumphat

trans flumen Rhenum Germani habitabant, gens fortis et pugnax, qui nondum sub imperio romano erant. itaque Germanicus Caesar diu in Germania pugnavit. bellum periculosum atque terribile erat
5 cadebantque multi; tamen Romani magna et prospera proelia committebant, terram germanicam vastabant, saepe hostem aut vincebant aut se recipĕre cogebant. iam nonnullae gentes germanicae in deditionem veniebant, cum Tiberius Germanicum revocavit et in Italiam redire coegit.
10 itaque Germanicus, quamquam bellum nondum finitum erat, anno septimo decimo post Christum e Germania in Vrbem rediit atque triumphum habuit. multi homines, viri feminaeque, pueri atque puellae, apud portam triumphalem triumphatorem cum exercitu exspectabant, et viae plenae erant.
15 etiam Quintus et Æmilia cum matre ad portam adveniunt. iuxta portam avum vident, quem salutant. „in tempore advenistis" avus inquit; „iam clamorem audio".

revera post breve tempus triumphus per portam urbem intrat: primum

senatores appropinquant, deinde currūs nonnulli, in quibus arma
germanica sunt aliaeque rēs, atque etiam varia simulacra: montes,
quales sunt in Germania, flumina, urbes; tum captivi, taurus albus,
quem sacerdos ducit, quattuor equi albi, currum triumphalem trahen-
tes, in quo stat triumphator ipse. insigne spectaculum praebent quin-
que liberi eius, qui cum patre in curru sunt, tres filii, Nero, Drusus
Gaiusque, atque duae filiae, Agrippina et Drusilla. post currum milites
incedunt, carmina cantantes in triumphatorem. ubique clamor atque
gaudium, ubique vultūs laeti.

   dum omnes gaudent clamantque, mater non procul unam feminam
videt lacrimosam. ad eam adit et rogat: ,,quid est, femina? cur tristis
est vultus tuus?". tunc femina dicit: ,,rēs futurae me sollicitant. nunc
Germanicus triumphat et populus omnis gaudet, at non diu vultu
laeto ridēre solet Fortuna. Drusus quoque, pater eius, quem populus
romanus valde amabat, mox vitam finivit..."

   ut femina haec verba lacrimans dixit, èt mater lacrimavit nec iam
potuit clamare ,,io triumphe".

*lectio sexta decima*

# de rege Proca eiusque filiis

Alba Longa urbs erat magna in Italiā antiquā. quondam ibi regnavit rex nomine Silvio appellatus, quia casu quodam in silvis natus erat; urbs enim illa inter magnas silvas sita erat. omnes post Silvium
5 illum reges qui in urbe regnaverunt cognomen Silvium habebant, ut Æneas Silvius, Latīnus Silvius, Romulus Silvius.

post Silvios nonnullos in terra illa regnabat Proca Silvius, qui duos filios habebat, Numitorem et Amulium. Numitor erat vir bonus et comis, Amulius autem avārus et falsus erat.
10 Proca erat rex valde potens et divitiae eius erant magnae: non solum aurum et argentum habebat, sed etiam fundos multos multasque villas possidebat, ubi servi multi laborare solebant; et stabula eius erant plena. cum filiis suis habitabat in domo pulchra, pulchris hortis circumdata.
15 quodam diē Proca filios ad se vocavit et haec verba dixit: „iam mors mea propinqua est, o filii. tu, Numitor, post mortem meam regnum habere vis, an divitias meas?". tum subito Amulius: „ego" inquit „divitias habere volo". Numitor autem his verbis respondit: „si Amulius divitias cupit, ego regnum habere volo". rex deinde,
20 palmas ad caelum porrigens, unum dixit verbum: „esto".

mox Proca vitam finivit. non autem Numitor, qui nunc rex erat, rēvērā potestatem habebat, sed Amulius, qui divitias possidebat. nam sine divitiis potestas non multum valet, ut tum apparebat: post breve tempus Amulius fratrem e domo regia fugavit atque ipse rex
25 erat. scelus alio scelere auxit: Numitor unum filium ūnamque filiam habebat; alterum Amulius necavit, alteram Virginem Vestalem esse coegit. et tum rex falsus – ut putabat – tutus erat. praeterea multi milites eum protegebant.

Numitor autem in fundo suo cum servis nonnullis vivebat. miser
30 homo miseram vitam trahebat: filius eius mortuus erat et filiam nunquam iam videbat; amici eius eum iuvare non audebant, nam omnes Amulium regem timebant. ita solus dolorem gravem vir miser ferebat.

*Proca palmas ad caelum porrigit*

PROVERBIA

35 beati possidentes!
multos timere debet quem multi timent.

*lectio septima decima*

# de congressu cum ignoto

dum Numitor in fundo suo tristem agit vitam, Rea Silvia, filia eius, apud Virgines Vestales erat et cum virginibus ceteris ignem in templo dies noctesque custodiebat. Virgines quoque Vestales regem
5 Amulium timebant atque ideo congressūs cum Rea vitabant. itaque puella misera nullas amicas habebat et semper sola erat.

quodam die Rea in silva erat ibique urnā aquam e flumine hauriebat. iam in templum redire volebat, cum subito homo ignotus ad eam adiit. manibus trementibus urnam tenens Rea hominem vidit
10 appropinquantem. qui deinde rogavit: ,,tu, quae virgo regia es, cur

*Rea urnā aquam haurit*

tu hīc in silva aquam hauris? cur non servae tuae res istas agunt?"
Rea respondit: „si vis audire casūs nostros, narrabo: nullas iam servas habeo, nam pater meus non iam rex est; Amulius eum e domo regia fugavit. praeterea fratrem meum necavit et me Vestalem esse
15 coegit. itaque virgo sum et semper ero; nunquam filium habebo, nunquam Amulium pro sceleribus punire poterimus".

dum Rea verba ea multis cum lacrimis dicit, ignotus manūs ad caelum porrigit et exclamat: „attamen mox filios habebis! noli lacrimare: non diu rex crudelis regnabit divitiasque possidebit. certē
20 aliquamdiu in miseria eritis, tu filiique tui, at ego vos semper iuvabo et postea omnes gaudebitis, nam filii tui Amulium fugabunt et necabunt".

tum Rea, tremens atque lacrimas vix tenens: „sed quis tu es?" inquit. deinde ignotus: „multae" inquit „erunt urbes in mundo:
25 multas urbes urbs una superabit; multae gentes erunt in mundo: multas gentes gens una domabit. noli timere homines, nam dei ipsi te iuvabimus!"

post ea verba ignotus subito in caelum avolavit. tum Rea „deus erat!" inquit; „tuti erimus".

30 deinde Rea rursus cum Vestalibus erat et, ut antea, in rebus divinis erat occupata. sed nihil unquam dixit de congressu cum ignoto, qui deus erat.


PROVERBIVM
miserum est semper velle quod nunquam erit.

35 INSCRIPTIO SEPVLCRALIS
eram quod es, eris quod sum.

*lectio duodevicesima*

# somnium Amulii

nox erat. in cubiculo regio Amulius dormiebat. multos iam menses regnum habebat, neque ulla pericula timebat. eā autem nocte somnium somniavit quod eum valde terrebat:
5 vir barbatus cubiculum intravit. vultu sevēro diu ante lectum Amulii stetit, deinde rogavit: „ubi est rex Albae Longae?"

Amulius respondit: „hic vides regem Albae Longae". tum barbatus: „regem non video; video Amulium".

voce submissā Amulius respondit: „attamen regem hic vides", sed
10 barbatus iterum clamavit: „regem non video; video fratrem regis. ubi est frater tuus? ubi est filius fratris tui?"

Amulius non respondit; barbatus autem tertio rogavit, magna voce clamans: „ubi est Numitoris filia? ubi filius? ubi Numitor ipse est?"

tacitus tremensque Amulius in lecto sedebat, dum barbatus cla-
15 mat: „vae! vae! tu, qui rex non es, mox, nomine regio privatus, non iam in domo regia vives: finis regni tui appropinquat. venient filii Reae Silviae, qui te punient; et poena gravis erit! heu! erit clamor in domo regia! vae! vae! ...."

clamans e cubiculo regis barbatus evolavit.
20 et ipse clamans rex in lecto sedebat, cum cito e servis unus accurrit, lucernam manu gerens.

*lucerna*

*lectio undevicesima*

## sermo inter regem filiamque eius

postero diē Amulius in domo regia erat, cum Antho, filia regis, anxio vultu intravit et voce timida patrem salutavit; deinde rex filiaque talem sermōnem habuerunt:

5 REX: quid est, Antho mea? cur venisti?
ANTHO: sollicitat quiddam animum meum, pater, sed dicere non audeo.
REX: dic quod dicere opus est, mea filia; iratus non ero.
ANTHO: dicam; sed prius responde: si regnum tuum in periculo erit,
10         quid ages?
REX: dei immortales! aliquis regnum meum in periculum vocavit? dic: quis est? statim sceleratum istum puniam!
ANTHO: punies ergo; non necabis?
REX: fortasse etiam necabo, si aliter tutus esse non potero. sed
15         nunc statim narra: quis est homo qui regnum meum in periculum vocavit?
ANTHO: femina est; femina quam ego amo. at me audi, pater: si me amas – et amas me, certo scio – non necabis quam filia tua amo. praeterea satis tuti vivemus si . . . .
20 REX: quomodo femina regnum meum in periculum vocare potest?
ANTHO: Rea Silvia, Virgo Vestalis, duos filios habet. sed noli necare miseram feminam, nam . . . . .

at Amulius, cetera verba vix audiens, magna voce servum iubet Ream cum filiis statim in regiam adducere.

25  stabat Rea tremens ante regem iratum, geminos filios gerens, qui bracchia parva ad matrem tendebant. quae tacita oculos lacrimosos

ad regem intendebat, et quamquam rex eam multa rogabat, nullum responsum dabat. postremo rex servos suos Ream in carcerem abducere iussit filiosque eius in flumen mittere.
30 feminam lacrimantem, pueros clamantes servi abduxerunt.

*gemini parvi bracchia ad matrem tendunt*

*picturae etruscae*

*lectio vicesima*

# de Etruscis

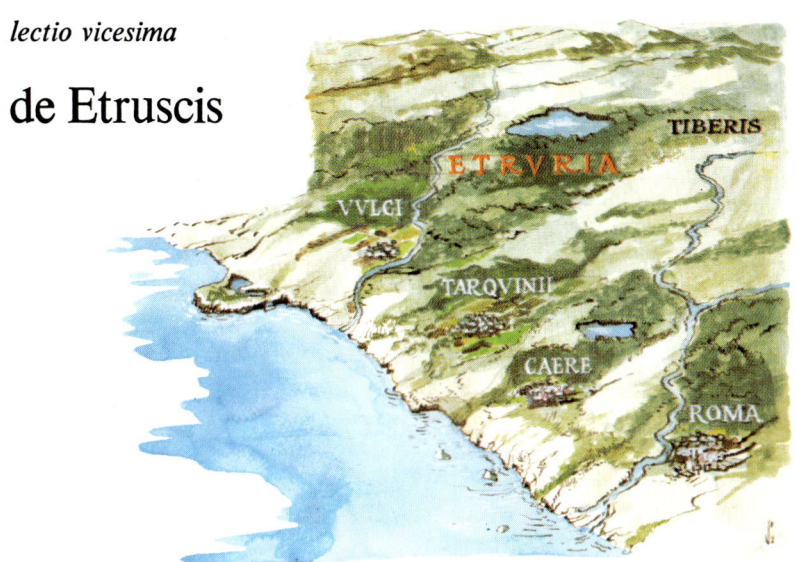

Etrusci, quos etiam Tuscos vel Tyrrhenos appellant, gens parva erat, quae octavo saeculo ante Christum ex Asia, fortasse e regione Lydia, in Italiam advenit. quam mox nomine suo implebant. erant enim
5 mercatores qui divitias magnas, fundos magnos habebant; florebant urbes quas possidebant, in quibus Tarquinii, Caere, Vulci.

linguam etruscam intellegere non possumus, sed supersunt etiamnunc sepulcra, quae, sub terra sita, pulchris picturis sunt ornata. quae picturae quaedam de vita etrusca docent: saepe equitabant,
10 amabant musicam, saltationem.

Etrusci imperium suum magis atque magis augebant: mox etiam Vmbriam et Latium in sua potestate tenebant, atque in Transpadanam colonias mittebant. Roma quoque, qua in urbe enim gens Tarquinia regnabat, aliquamdiu sub imperio etrusco erat, sed postea
15 Romani Tarquinium illum Superbum fugaverunt et civitatem liberaverunt. tamen Romani multa etiam tunc retinebant quae ab Etruscis accepta habebant; a quibus haruspices et augures saepe vocaverunt, cum respublica romana in periculo erat.

*lectio vicesima prima*

# auxilium Martis

in carcerem abducta, Rea, timore vehementi vexata, voce tristi orabat: „tu, qui antea ignotus ad me venisti, nunc auxilium fer! iuva miseros filios meos, si auxilium ferre potes!"
5 Mars, deus belli, feminam orantem audivit. statim de caelo descendit et subito ante Ream stetit. "noli lacrimare" inquit; „ego auxilium feram, ut tum dixi, cum ignotus ad te vēni. audi nunc: Amulius te non necabit; id impetravit Antho, filia regis, quae te amat. filios tuos ego protexi et semper protegam; noli timere: in tuto
10 sunt. servi enim Amulii pueros, in corbe positos, in aquam miserunt,

*flumen corbem ad ripam adpellit*

at ego flumen corbem ad ripam appellere iussi. ad ripam appulsos pueros invēnit lupa, quae nunc eos alit. mox pastor filios tuos inveniet et in casam suam portabit, ubi in tuto vivent. postea Amulium regem fugabunt et patrem tuum in regiam redūcent. ipsa filios tuos
15 tunc videbis triumphantes, et omnes felīces eritis. tu, Rea, noli desperare, sed fortis es! dei te filiosque semper iuvabimus".

Rea respondit: „fortis ero; forti animo fortūnam feram". Mars deinde rursus in caelum avolavit.

*lectio vicesima altera*

# in casa Faustuli

in silva prope flumen casa parva erat. qua in casa femina opus suum faciebat, dum liberi eius circum casam ludunt.

Acca Larentia (id erat nomen feminae) duodecim liberos habebat; 
5 Faustulus, marītus eius, vir bonus erat qui eam valde amabat, et quamquam non divites, felīces tamen et contenti erant coniuges. non enim is qui parum habet infelix est, sed qui semper plus cupit.

intravit unus ex filiis, qui rogavit: „ubi pater est, mater mea?". Acca respondit: „nondum domi est". „quare hodie tam sero revenit?" 
10 puer inquit. „haud scio", Acca respondit, „sed certo mox veniet". deinde puer rursus abiit ad fratres suos.

subito extra casam clamores: „pater! pater!" liberi clamant. Acca ad ianuam currit, et ecce! Faustulus iam appropinquat. sed quid secum portat?? liberi iam laeti ad patrem currunt, et cum patre 
15 omnes casam intrant clamantes: „io! io! duos novos fratres habemus! io!"

39

*lectio vicesima tertia*

## sermo nocturnus

nox est. in casa Faustuli pastoris omnes liberi dormiunt. contenti Reae quoque filii ambo uno in lectulo iacent.

Acca autem Faustulusque ipse nondum dormire possunt. neque
5 mirum est pastorem uxoremque eius dormire non posse. ,,ubi pueros illos invenisti, Faustule?" Acca rogat. Faustulus dicit: ,,prope flumen ambulabam, cum subito in ripa lupam vidi quae duo infantes custodiebat alebatque".

,,vix credibile est quod narras" Acca ait; ,,quis credere potest lupam
10 infantes custodire atque alere? qui autem sunt et unde venerunt?". Faustulus respondet: ,,credo pueros illos esse filios Reae Silviae, Numitoris filiae. Rea enim duos filios habet, quos Amulius, rex noster, servos suos in aquam mittere iussit". ,,quid ais?" Acca exclamat, ,,pueri illi sunt Reae Silviae filii? quomodo scis Ream,

15 Virginem Vestalem, duos filios habere?". „id heri audivi ex servo quodam Amulii" Faustulus respondet; „ergo regios in casa nostra habemus pueros! quid agemus?".

tum uxor: „sunt apud nos manebuntque! id non sine periculo esse intellego, sed haud difficile erit eos occultare. quis enim illos inter
20 tot liberos notabit?". haec dicens ad lectulum iit in quo pueri dormiebant et „mirum est" inquit „vos adhuc vivere, pueri. sed nunc apud nos manebitis, et bene vos custodiemus. dei, a quibus a morte servati estis, èt postea vos protegent".

Faustulus unum tantum dixit verbum: „esto".
25 tali modo Reae filii servati sunt.

PROVERBIVM
idem velle atque idem nolle, ea demum firma amicitia est.

*lectio vicesima quarta*

# Moyses a morte servatus

certo omnes audivistis historiam illam sacram de rege Ægypti qui iussit servos suos necare omnes filios populi Hebraeorum. parentes autem Moysis filium suum menses tres occultaverunt. ubi eum non
5 iam occultare potuerunt, pater puerum in corbe posuit et eam ad ripam fluminis Nili locavit, confidens filium suum auxilio Dei in tuto esse.

timore vehementi vexata soror Moysis procul stabat, eventum exspectans. ecce autem filia Pharaonis et servae eius ad flumen
10 descendebant et corbem in ripa viderunt. regia virgo unam e servis misit et eam iussit corbem apportare. in qua parvulum puerum lacrimantem videns ait: „de infantibus Hebraeorum est hic".

tum soror Moysis accurrit et „visne" inquit „me feminam hebraeam vocare quae puerum hunc alere poterit?". respondit filia
15 Pharaonis: „volo".

tunc laeta animo puella ad matrem currit et nuntiat fratrem suum servatum esse: „veni mecum" dixit, „filia regis te vocat".

ad quam filia Pharaonis: „accipe" ait „atque ale puerum istum; ego dabo mercēdem tuam".

20 gaudens eventu mater puerum domum portavit, Deum laudans his verbis: „magne Deus, laudamus te quia protexisti populum tuum".

*vinea*

*lectio vicesima quinta*

# rex Medorum regno privatus

Astyages erat rex Medorum Persarumque. quadam nocte rex iste somnium somniavit de filia sua, quod eum valde terrebat. statim servos ad se vocavit; timore vexatus clamavit: „cito magos vocate eosque ante me ducite". ubi magi, somniorum interpretes, advenerunt, rex dixit: „terribile somnium me vexat: somniavi enim ex filia mea vineam crescĕre eamque inumbrare Asiam totam. nunc dicite, o magi: quid somnium illud significat?". tunc magi responderunt: „o rex, nostra opinione somnium istud hoc significat: Mandana, filia tua, quae inter Persas vivit, mox filium habebit, qui te regno tuo spoliabit".

post breve tempus ubi ex Mandana filius natus est, rex Harpagum, ministrum suum, iubet nepotem suum necare. qui tamen regium necare non audebat puerum; itaque Astyagem decepit et vocavit pastorem quendam, servum regis, qui habitabat in regione horribilibus bestiis plena, et „cape infantem istum" inquit „eumque tecum in montes porta atque ibi eum in silva aliqua depone".

pastor autem bonus id facere noluit et rursus Harpagum decepit: puerum secum portavit, neque vero in silva deposuit, praedam bestiarum: in casa sua eum occultavit, ubi tutus vixit et adulescens factus est, robustus corpore, animo fortis. suam ipse originem ignorabat, neque quisquam alius, praeter pastorem coniugemque eius, sciebat eum regium esse puerum.

revera Cyrus (id enim nomen erat pueri) postea regem scelestum fugavit et ipse rex Persarum Medorumque factus est.

# AVCTORES
de quibus in ORATIONIBVS mentio facta est

| NOMEN | VITA | OPERA |
|---|---|---|
| Titus Maccius Plautus | †— 184 | comoediae, in quibus Menaechmi |
| Marcus Tullius Cicero | — 106 - — 43 | orationes multae, opera rhetorica et philosophica |
| Gaius Iulius Caesar | — 100 - — 44 | Bellum gallicum, Bellum civile |
| Gaius Valerius Catullus | — 84 - — 54 | carmina |
| Publius Vergilius Maro | — 70 - — 19 | Bucolica, Georgica, Æneis |
| Quintus Horatius Flaccus | — 65 - — 8 | varia poemata |
| Titus Livius | — 59 - + 17 | libri ab Vrbe condita |
| Publius Ovidius Naso | — 43 - + 18 | Metamorphoses aliaque carmina |
| Phaedrus | ± — 25 - ? | fabulae aesopiae |
| Lucius Annaeus Seneca | 0 - + 65 | opera philosophica |
| Publius Cornelius Tacitus | + 55 - + 115 | Historiae, Annales ab excessu divi Augusti |
| Desiderius Erasmus | 1466 - 1531 | Colloquia familiaria multaque opera alia |

# CONSPECTVS HISTORICVS

LECTIONES

| | | | |
|---|---|---|---|
| −750 | ANTE VRBEM | Silvii, reges Albae Longae, in quibus<br>Proca Silvius, Amulius, Numitor,<br>pater Reae Silviae,<br>Romuli Remique matris.<br>Vrbs conditur ( −754). | XVI<br>XVI – XVIIII<br>XXI – XXIII<br>XXVI – XXX<br>XXXI |
| −500 | IMPERIVM REGVM | Romulus<br>aliique reges,<br>in his<br>Servius Tullius,<br>Tarquinius Superbus.<br>Tarquinius a Bruto fugatur ( −509). | XXXI, XXXII<br><br><br>XXXIII<br>XX, XXXIII |
| | RESPVBLICA ROMANA | Lucius Iunius Brutus, consul primus.<br>Mucius „Scaevola" regem Porsinnam necare temptat.<br>Cincinnatus dictator Aequos vincit.<br>Marcus Manlius Capitolium servat.<br><br>Appius Claudius „Caecus" censor ( −312);<br>pacem cum Pyrrho fieri prohibet.<br>Quintus Fabius „Cunctator" et<br>Publius Cornelius Scipio contra Hannibalem bellum<br>gerunt. ( −218)<br>L. Æmilius Paullus regem Perseum profligat ( −168).<br>L. Mummius Corinthum delet ( −146).<br>Sextius Calvinus, Domitius Ahenobarbus, Q. Fabius „Allobrogicus" contra Gallos pugnant ( −124, −121).<br>C. Marius Cimbros ac Teutones vincit ( −102).<br>C. Iulius Caesar ( −100 - −44).<br>Octavianus Antonium apud Actium vincit ( −31). | XXXIII<br>XXXIIII<br>LI – LIII<br>LIIII<br><br>XXXXIIII, XXXXV,<br>LXXIII<br>LXIII<br>LXVI, LXVII<br><br>LVI, LXXI<br>LXIIII<br>LXVIIII<br>LXX<br>LXX, LXXII<br>LVII |
| 0 | ÆTAS IMPERATORIA | summae rerum praesunt Caesares imperatores,<br>quorum primus fuit Octavianus Augustus,<br>secundus Tiberius, frater Drusi,<br>Germanici patris. | XV |
| +500 | | finis imperii romani ( +476). | |

50
milia passuum
0
100
300
500
BELGÆ
G E R M A N
Mosa
Rhenus
Sequana
Rhenus
HÆDVI
SEQVANI
IVRA MONS
HELVETII
O C E A N V S
G A L L
Gergovia
ARVERNI
Arar
Rhodanus
ALLOBROGES
A L P E S M O N
TRANS
GALLIA
Garunna
Aquae Sextiae
Agatha
LIGVRES
Nicæa
Antipolis
Narbo
Massilia
PYRENÆI MONTES
Hiberus
Emporiæ
S I N V S G A L L I C V S
H I S P A N I A
CARPETANI
Saguntum
Karthag
NVMIDÆ
A F R I C A

# HAC FORMA ORBIS TERRARVM PARS POTIOR DESCRIPTA EST
nomina locorum ubi Phocaeenses consederunt linea subnotata sunt.

regio septentrionalis
occasus solis — ortus s.

ILLYRICVM

SABINI
Alia
ÆQVI
via Appia
Pompeii
Tarentum

MACEDONIA
Epidamnus
OLYMPUS
EPIROTE
G
Actium Delphi
ACHAIA Corinthus
Argos

PHRYGIA
Phocæa
Ephesus

SICILIA
Syracusæ

# redde rationem
# Arbeitshefte

Die Arbeit im Arbeitsbuch wird unterstützt durch die Arbeitshefte: Sie enthalten alle schriftlich zu lösenden Aufgaben mit Raum zum Eintragen der Lösungen. Insbesondere sind diejenigen Aufgaben wiederholt,
- die für das Lernen und Wiederholen wichtig sind,
- bei denen ein vorgedrucktes Schema oder die Vorgabe eines Lückentextes hilfreich ist,
- für die eine einheitliche formularmäßige Anordnung wünschenswert ist,
- bei denen mechanische Abschreibarbeit erspart werden kann.

Schüler, die ihr Arbeitsbuch am Ende eines Schuljahres abgeben müssen, behalten ein übersichtlich angelegtes Heft zum Nachschlagen und Wiederholen.
Die Arbeitshefte sind fakultativ.

| | | | |
|---|---|---|---|
| Arbeitsheft 1,1 | 60811 | zu L. 1 bis 11 | Arbeitsbuch 1 |
| Arbeitsheft 1,2 | 60812 | zu L. 12 bis 25 | |
| Arbeitsheft 2,1 | 60821 | zu L. 26 bis 39 | Arbeitsbuch 2 |
| Arbeitsheft 2,2 | 60822 | zu L. 40 bis 50 | |